Andrea Seifert

Lustiges aus Biegeplüsch

CHRISTOPHORUS

BRUNNEN-REIHE

SEIT MEHR ALS 30 JAHREN STEHT
DER NAME „CHRISTOPHORUS" FÜR
KREATIVES UND KÜNSTLERISCHES
GESTALTEN IN FREIZEIT UND BERUF.
GENAUSO WIE DIESER BAND
DER BRUNNEN-REIHE IST JEDES
CHRISTOPHORUS-BUCH MIT
VIEL SORGFALT ERARBEITET: DAMIT
SIE SPASS UND ERFOLG BEIM
GESTALTEN HABEN – UND FREUDE
AN SCHÖNEN ERGEBNISSEN.

© 1996 Christophorus-Verlag GmbH
Freiburg im Breisgau

Alle Rechte vorbehalten
Printed in Germany

ISBN 3-419-55797-3
2. Auflage 1996

Jede gewerbliche Nutzung der Arbeiten und
Entwürfe ist nur mit Genehmigung der
Urheberin und des Verlages gestattet. Bei
Anwendung im Unterricht und in Kursen
ist auf dieses Buch hinzuweisen.

Styling und Fotos: Christoph Schmotz, Freiburg
Zeichnungen: Uwe Stohrer, Norsingen
Umschlaggestaltung: Network!, München
Produktion: Print Production, Umkirch
Druck: Freiburger Graphische Betriebe, 1996

CHRISTOPHORUS
BÜCHER MIT IDEEN

Inhalt

Biegeplüsch – ein neues Material

Biegeplüsch, auch Figurendraht genannt, ist ein neues, flauschiges Material in leuchtend bunten Farben. Mit den altbekannten Pfeifenputzern hat es nur noch eines gemeinsam: Man kann es biegen, glätten und wieder verwenden. Kinder wie Erwachsene werden bestimmt ihre Freude daran haben.

In diesem Band finden sich Anleitungen zu den verschiedensten Figuren und Dingen:

✿ Mit einem bunten Mobile oder Hampelhasen kann man schon den Kleinsten eine Freude bereiten.

✿ Der Schmuck für Mädchen und Jungen ist wie gemacht zum Verschenken – natürlich aber auch zum Selbertragen. Die Farben wählt man passend zur Kleidung.

✿ Wie weicher Schnee wirken die Bastelarbeiten zur Winterzeit.

✿ Ein Gesellschaftsspiel bringt beim Basteln und beim anschließenden Spiel die ganze Familie an einen Tisch. Auch im Kindergarten und in der Schule wird man Gefallen daran finden. Außerdem lernen die Kinder dabei „spielend" mit Biegeplüsch umzugehen.

✿ Groß ist die Freude auf ein Fest, wenn sich die Kinder schon an den Vorbereitungen beteiligen. Das Basteln von Girlanden, von Serviettenringen, Tischkarten, Windlichtern und anderem Tischschmuck bringt viel Spaß.

✿ Auch Zirkusluft können die Kinder schnuppern: wenn sie einen Zauberer, einen Clown oder einen Schlangenbeschwörer, einen Tanzbär oder einen Elefanten basteln. Und dann werden Zirkusnummern vorgeführt.

Lassen Sie sich von diesen Vorschlägen anregen. Probieren Sie das neue Material mit Ihren Kindern aus. Wer einmal anfängt, Biegeplüsch zu formen und zu verwandeln, wird seine Freude daran finden und immer neue Ideen entwickeln.

Andrea Seifert

Wie man mit Biegeplüsch arbeitet

Das Material

Biegeplüsch gibt es in verschiedenen Stärken und Längen. Für die hier gezeigten Bastelarbeiten können alle Ausführungen verwendet werden. Wichtig ist, daß für eine Bastelarbeit alle Drähte die gleiche Stärke haben. Neben dem einfarbigen Biegeplüsch in den verschiedensten Tönen gibt es auch zweifarbig gedrehte Plüschdrähte.

Das Schneiden

Biegeplüsch kann man gut mit einem kleinen Seitenschneider durchtrennen. Für Kinder ist eine Schere leichter zu handhaben. Doch da an den Schneiden Kerben zurückbleiben, empfiehlt es sich, nur alte Scheren zu verwenden. Spitze Plüschenden sollte man immer entweder mit Klebstoff bedecken oder umbiegen bzw. unterstecken, um Verletzungen zu vermeiden.

Das Zusammenfügen

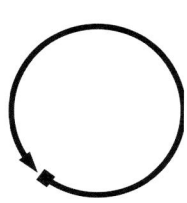

Plüschdrähte lassen sich verlängern, indem man das Ende des einen und den Anfang des anderen Drahtes zwei- bis dreimal eng miteinander verdrillt. Die Drähte können aber auch mit Klebstoff zusammengefügt werden.

Das Fixieren

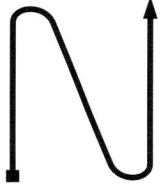

Bei großflächigen Arbeiten ist es ratsam, diese mit einem weichen Papier (Japanpapier) oder Filz zu hinterkleben. Dabei sollte der Biegeplüsch etwa 2 mm über die Unterlagen hinausragen. Kleinere Flächen sind zu fixieren, indem man hinten senkrecht und waagerecht einen Klebstoffstreifen aufträgt.
Möchte man Biegeplüsch auf Karton aufbringen, streicht man diesen nach und nach mit Klebstoff ein und dreht den Plüschdraht dann direkt auf dem Karton.
Bei manchen Arbeiten, wie zum Beispiel der Zipfelmütze des Mondes Seite 30/31 und der Hutkrempe des Zirkusdirektors Seite 16/17, ist es erforderlich, auf jede neue Reihe Klebstoff aufzutragen, damit die Plüschdrähte ausreichend Halt haben. Dabei wird der Klebstoff an die inneren Ränder gesetzt, sonst werden unschöne Klebestellen sichtbar.

Das Kleben

Der ideale Klebstoff für Biegeplüsch ist Heißkleber, da er nur eine kurze Trockendauer hat. Er gehört aber wegen der Verbrennungsgefahr nur in die Hände Erwachsener!
Für Kinder sind andere Klebstoffe besser geeignet – auch wenn es mehr Geduld erfordert, bis diese binden. Bei manchen Arbeiten lassen sich die Klebestellen jedoch gut beschweren oder mit Wäscheklammern fixieren, bis der Trockenvorgang abgeschlossen ist.

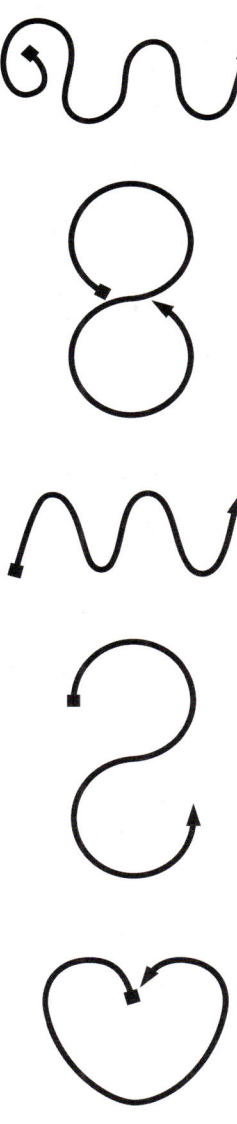

5

Spiel und Spaß

M a t e r i a l
- ✿ **Biegeplüsch in Schwarzweiß, Gelb, Grün, Rot, Blau, Lila, Pink**
- ✿ **Fotokarton in Weiß**
- ✿ **Holzwürfelrohling, Kantenlänge 3 cm**
- ✿ **Klebstoff**
- ✿ **alte Schere oder kleiner Seitenschneider**

❶ Pro Spieler sechs Biegeplüschstücke (18 cm) in Schwarzweiß zuschneiden; zu Ringen biegen und die Enden zusammenkleben.

❷ Biegeplüsch in Gelb, Grün, Rot, Blau, Lila und Pink schneckenförmig zu Spielsteinen (3 cm ∅) rollen, die Enden etwas unterstecken. Einen Spielstein jeder Farbe auf einen Würfel kleben.
Außerdem erhält auch noch jeder Spieler einen Spielstein pro Farbe.

❸ Aus weißem Karton zehn Spielkarten von jeweils 5 x 7 cm schneiden, mit Ornamenten bekleben (siehe Seite 4/5). Jedes Ornament wird aus 9 cm langem rotem Biegeplüsch gefertigt.

❹ Zwanzig rote Drahtstücke (9 cm lang) zum Nachformen der Ornamente zuschneiden.

Spielanleitung

● ● ● ● ● ● ● ● ● ● ●

Das Spiel ist geeignet für Kinder ab vier Jahren. Die Teilnehmerzahl ist beliebig.

❶ Jeder Teilnehmer bekommt sechs Ringe und sechs Spielsteine in verschiedenen Farben. Die Spielkarten liegen verdeckt in der Mitte, daneben die roten Plüschdrähte.

❷ Jeder Spieler setzt einen beliebigen Spielstein in einen Ring.

❸ Der erste Spieler würfelt.

❹ Der Spieler, der einen Spielstein mit der erwürfelten Farbe im Ring liegen hat, zieht eine Karte. Er versucht nun, die Figur auf der Karte mit einem Plüschdraht nachzubilden. Schafft er es nicht, muß er den Spielstein wieder aus dem Ring herausnehmen.

❺ Der nächste Spieler würfelt . . .

❻ Die Spielkarten bleiben nach dem Ziehen offen liegen. Erst wenn alle gezogen sind, werden sie gemischt und erneut verdeckt in die Mitte gelegt.

❼ Gewonnen hat, wer zuerst alle Ringe mit Spielsteinen belegt hat.

Fröhliche Anstecker

Regenbogen

❶ Biegeplüsch zuschneiden:
rot 15 cm, gelb 14 cm, grün 13 cm,
blau 12 cm, violett 10 cm.
Die Plüschdrähte biegen, übereinander-
legen und an einigen Stellen mit Klebstoff verbinden.

❷ Wolken aus zwei schneckenförmig
gedrehten Ovalen (4,5 x 2,5 cm) bilden. Von vorn auf die Enden des
Regenbogens kleben.

❸ Anstecknadel senkrecht in der Mitte
der Rückseite befestigen.

Raupe

❶ Blauen und pinkfarbenen Biegeplüsch (30 cm) durch das Loch der
Holzperle führen. Die Enden oben etwa
5 cm herausstehen lassen und zu
Fühlern biegen.

❷ An der anderen Seite der Holzperle
einen dicken Bleistift anlegen. Die
nebeneinanderliegenden Drahtenden

in engen Windungen fest um den
Bleistift wickeln.

❸ Mit Filzstiften und Deckweiß ein
Gesicht auf die Holzkugel malen.

❹ Anstecknadel über die ersten
Windungen der Rückseite kleben.

Teddybär

❶ Alle Teile der Figur
schneckenförmig, rund
oder oval biegen:
Kopf und Körper 6 cm ∅,
Schnauze 3 cm ∅,
Nase 1,4 cm ∅,
Schwanz 3 cm ∅,
Ohren 3,5 x 2,5 cm,
Ohreninnenteile 1,5 cm ∅,
obere Pfoten 5,5 x 2 cm,
untere Pfoten 7 x 2,5 cm.

❷ Die großen Flächen auf
Japanpapier oder Filz
aufkleben. Dabei sollten
die Biegeplüschteile an
den Rändern ringsum etwa
3 mm überstehen.

❸ Die einzelnen Teile zusammenkleben. Dabei die Ohren der Kopf-
rundung anpassen.
Die Pfoten etwas nach außen wölben.
Augen aufkleben.

❹ Hinten in der Mitte eine Anstecknadel senkrecht befestigen.

Teddy:
✿ Biegeplüsch in
  Hell- und
  Dunkelbraun
✿ 2 Teddy-
  bärenaugen,
  6 mm ∅
✿ Anstecknadel,
  4 cm lang
✿ Bogen Japan-
  papier oder Filz

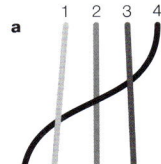

Schmuckstücke

Haarreif mit Herz

❶ Zwei weiße und zwei gelbe Plüschdrähte zunächst an einem Ende etwa dreimal eng miteinander verdrillen. Dann nach der Zeichnung flechten. Zum Schluß die Enden wieder verdrillen. (Eventuell an der Innenseite mit Klebstoff fixieren.)

❷ Einen Reif biegen.

❸ Herz entsprechend der Zeichnung formen, von hinten mit Klebstoff fixieren.
An den Haarreif kleben.

Jeweils den rechten Draht nach links flechten: Unter den Nachbardraht, über den nächsten, unter den letzten Draht führen. Die Drähte gleichmäßig nach unten ausrichten. Mit dem nun rechts liegenden Draht weiterflechten.

Armband mit Herzen

❶ Gelben Biegeplüsch von 7 cm Länge zu Herzen formen, dabei an der Kerbe oben in der Mitte beginnen und enden. Die Enden jeweils aneinanderkleben.

❷ 3,5 cm lange Plüschstücke u-förmig biegen, die geschlossenen Seiten in die Herzspitzen einhängen, die offenen Enden jeweils oben in die Kerbe des folgenden Herzens einkleben.

❸ Kettenverschluß an die Enden nähen.

Grün-gelbes Freundschaftsband

❶ Aus grünem Biegeplüsch in engem Zickzack eine Schlange legen (Zackenhöhe 1 bis 1,5 cm).
Gelben Biegeplüsch entgegengesetzt im Wechsel von oben und von unten um die Zickzackschlange winden.
Windungen je nach Wunsch zusammendrücken oder auseinanderziehen.

❷ Die beiden Enden von innen mit Klebstoff bestreichen und fest zusammendrücken. Kettenverschlußteile annähen.

M a t e r i a l

✿ Klebstoff
✿ alte Schere
   oder kleiner
   Seitenschneider

**Schmuck mit
Herzen:**

✿ Biegeplüsch in
   Gelb, Weiß
✿ Kettenver-
   schluß in Silber
✿ Nähfaden in
   Gelb und Nadel

**Grün-gelbes
Freundschaftsband:**

✿ Biegeplüsch in
   Grün und Gelb
✿ Kettenver-
   schluß in Gold
✿ Nähfaden in
   Gelb und Nadel

**Haarreif mit
Perlen:**

✿ Biegeplüsch in
   Rot
✿ Holzperlen,
   1,5 cm ⌀,
   je 2 in Grün
   und Gelb,
   1 in Blau

Haarreif mit Perlen

❶ Drei Plüschdrähte am Anfang fest
verdrillen, dann einen Zopf von etwa
13 cm Länge flechten.

❷ Auf den mittleren Draht eine grüne
Perle aufziehen, die beiden anderen
Drähte um die Perle herumführen.

Nach einem weiteren Flechtgang eine
gelbe Perle aufziehen . . .

❸ Sind alle Perlen eingeflochten, wieder
ein Stück von 13 cm ohne Perlen flechten. Die Enden miteinander verdrillen.

❹ Den Reifen biegen, die Enden von
innen mit Klebstoff fixieren.

Material

- Zopfspangen, ca. 8 cm lang
- Klebstoff
- alte Schere oder kleiner Seitenschneider

Frosch:

- Biegeplüsch in Dunkelgrün, Rot, Weiß, Dunkelgelb
- 2 Wackelaugen, 1,2 cm ∅

Sonne und Drachen:

- Biegeplüsch in Dunkelblau, Dunkelgelb, Dunkelgrün, Rot
- 4 Wackelaugen, 7 mm ∅
- 2 Holzperlen in Schwarz, 6 mm ∅

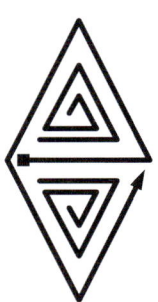

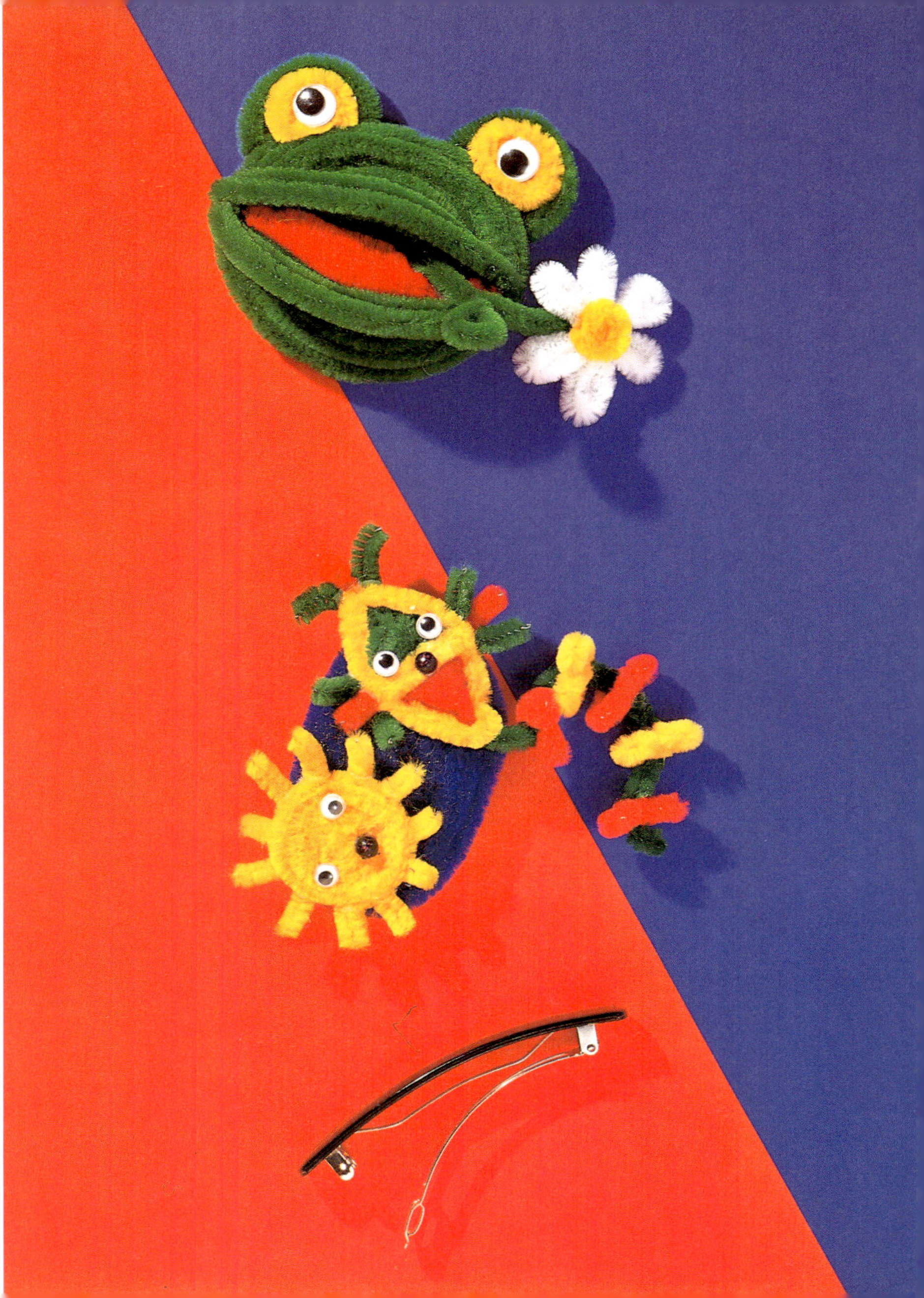

Zopfspangen

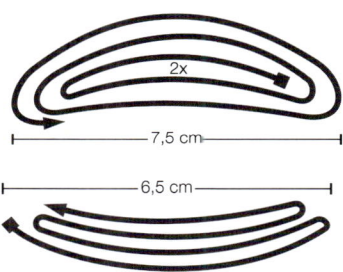

2x
7,5 cm
6,5 cm

Frosch

❶ Grünen Biegeplüsch schneckenförmig zu einer ovalen Kopffläche von 8,5
x 7 cm drehen (von innen nach außen).
Kopfteil leicht nach vorn wölben
(eventuell von hinten mit Kleber
unterstützen).

❷ Für die Augen Kreise aus grünem
Biegeplüsch (3,5 cm ∅) und aus gelbem Biegeplüsch (2 cm ∅) bilden. Die
grünen Augenteile von hinten an den
Kopf ankleben, die gelben Innenteile
von vorn befestigen. Dann die Wackelaugen auf die Innenteile setzen.

❸ Zwei grüne Maulteile nach der
oberen Zeichnung anfertigen, quer in
die Mitte des Gesichtes kleben. Roten
Biegeplüsch für das Maulinnere formen
(untere Zeichnung) und einkleben.

❹ Die Blume nach der Zeichnung
biegen. Gelbe Schnecken von 1,5 cm ∅
vorne und hinten auf die Blüte setzen.
Dann den Stiel im Maul befestigen.

❺ Die Haarspange waagerecht hinten
in die Mitte kleben.

Sonne und Drachen

❶ Den Himmel bildet ein Oval (8 x 6
cm), das schneckenförmig gedreht und
leicht nach vorn gewölbt wird (eventuell mit Klebstoff unterstützen).

❷ Die Sonne ist ein schneckenförmig
gedrehter Kreis mit 4 cm ∅. Rundher-
um elf Strahlen (1,5 cm) ankleben.

❸ Den Drachen gemäß der Zeichnung
biegen, eventuell hinten Klebstoff
auftragen. Neun Plüschdrähte, 2 cm
lang, als Ohren und Haare befestigen.
Ein 11 cm langes Schwanzstück von
hinten ankleben. 6 cm lange Drähte um
den Schwanz herum zu Schleifen legen
(Enden zur Mitte) und festkleben.

❹ Die Gesichter von Sonne und Drachen mit je zwei Wackelaugen und
einer Holzperle ausgestalten. Sonne
und Drachen auf die Wolke kleben.

13

Indianerschmuck

Anstecker

❶ Biegeplüsch in Beige und Dunkelbraun eng verdrillen. Drei 7 cm lange Stücke zurechtschneiden.

❷ Zwei Stücke nebeneinanderlegen. Sie bilden den Rumpf und die Beine. Auf die oberen Enden wird später der Kopf gesteckt.
Das dritte Stück bildet, quer aufgelegt, die Arme. Arme mit braunem Biegeplüsch am Rumpf fixieren: Biegeplüsch über Kreuz um die Schultern legen und spiralförmig um den Oberkörper wickeln (siehe Zeichnung).

❸ Für die Füße kurze dunkelbraune Biegeplüschstücke zweimal um die Enden der Beine wickeln, eventuell mit Klebstoff fixieren.

❹ Roten und grünen Biegeplüsch eng verdrillen. Im oberen Drittel der Holzperle als Stirnband aufkleben. Hinten an der Nahtstelle eine Feder befestigen.

❺ Haare aus beigefarbenem Biegeplüsch schneckenförmig biegen und in das Stirnband auf den Kopf kleben.

❻ Das Gesicht mit Filzstiften und Deckweiß ausgestalten.

❼ Den Kopf auf den Rumpf kleben.

❽ Anstecknadel senkrecht am Rücken befestigen.

Stirnband mit Federn

❶ Vier Plüschdrähte in verschiedenen Farben am Anfang etwa zweimal eng miteinander verdrillen, dann flechten (Zeichnung Seite 10).
Die Enden wieder verdrillen. Anfang und Ende zusammenkleben.

❷ An der Nahtstelle des Stirnbandes von innen Federn ankleben.

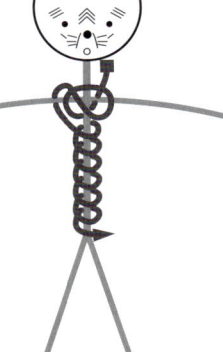

Im Zirkus

Material

* Klebstoff
* alte Schere oder kleiner Seitenschneider

Zirkusdirektor:

* Biegeplüsch in Schwarz, Weiß, Rot, Dunkelgrün, Lila, Gelb
* Holzperle in Natur, 2 cm ∅
* Holzscheibe mit seitlichen Löchern, 3 cm ∅, 1 cm stark (Hobbyhandel)
* wasserfeste Filzstifte: Schwarz, Rot
* Deckweiß und Pinsel
* dicker Stift

Zirkusdirektor

❶ Er steht auf einer Holzscheibe mit Löchern an der Außenseite. Hier bunte Plüschstücke (2,5 cm) einkleben.

❷ Kopfkugel im oberen Drittel zweimal mit schwarzem Plüsch umwickeln (die zweite Reihe auf der ersten festkleben). Dies ist die Zylinderkrempe. Über einen dicken Stift eine Spirale (drei Umdrehungen, 2 cm ∅) fertigen, mit einer Schnecke verschließen und auf die Krempe setzen. Das Gesicht mit Filzstiften und Deckweiß ausgestalten.

❸ Für den Körper und die Arme je zwei weiße Drähte doppelt legen und nach der Zeichnung formen. Die Drähte des Oberkörpers aneinanderkleben, Arme und Beine jeweils verdrillen.

❹ Die Beine vom Knie abwärts mit schwarzem Plüsch umwickeln (Stiefel). Für die Sohlen schneckenförmig zwei Ovale (ca. 1,2 x 1,8 cm) biegen und von unten an die Schäfte kleben.

❺ Für den Frack nach der Zeichnung zwei Vorderteile (3,5 cm lang) und zwei Rückenteile (5 cm lang) formen und so ankleben, daß sich die Schulterteile berühren. Zwei 4 cm lange, schwarze Plüschdrähte übereinander von einer Schulter zur anderen kleben, um Lücken zu schließen.

❻ Arme schwarz umwickeln, vorne weißen Biegeplüsch (8 mm) als Handschuhe stehenlassen. Einen 5 cm langen Stab aus schwarzem Biegeplüsch innen an der rechten Hand befestigen.

❼ Eine Fliege aus 3 cm langem rotem Biegeplüsch fertigen. Enden zur Mitte hin biegen und ankleben.

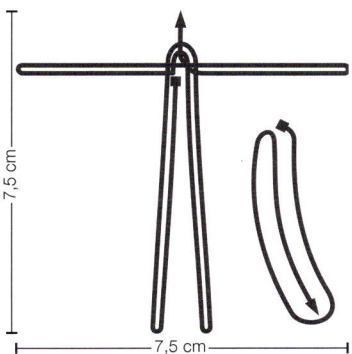

Zylinder mit Tauben

❶ Korken mit schwarzem Biegeplüsch umwickeln, dabei etwas Klebstoff auf den Korken streichen. Eine schneckenförmig gedrehte runde Fläche (4 cm ∅) als Krempe aufkleben.

❷ Zwei Tauben nach der Zeichnung biegen. Schnäbel aus 5 mm langem lila Biegeplüsch ankleben. Tauben auf der Krempe befestigen.

Clown

❶ Vier Plüschdrähte in verschiedenen Farben flechten (Seite 10). Dann den Körper entsprechend der Zeichnung formen.

❷ Am oberen Drittel der Kopfkugel einen braunen Biegeplüschkranz ankleben. Darüber mit etwa fünf Windungen, die immer kleiner werden, eine Mütze aufkleben.
Das Gesicht mit Filzstiften und Deckweiß ausgestalten.
Den Kopf auf die Plüschdrähte am Hals stecken und festkleben.

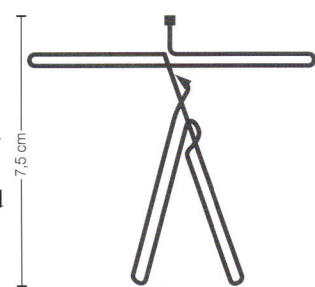

❸ Biegeplüsch für die Blume, für Hals- und Armkrausen zu engen Wellenlinien legen (Blume 5 mm Höhe, Krausen 1 cm Höhe). Die Enden ringförmig zusammenführen. Dann die vier Teile befestigen.

❹ Hände aus je 2 cm langem Biegeplüsch u-förmig biegen. Mit den offenen Seiten an die Armkrausen kleben.

❺ Für die Schuhe zwei Ovale (2,5 x 2 cm) schneckenförmig biegen. Hinten bündig unter die Beine kleben.

Schlangenbeschwörer

❶ Als Turban weißen Biegeplüsch zweimal um das obere Drittel der Kopfkugel schlingen. Vor dem Ankleben ein "V" aus gelbem Biegeplüsch biegen, vorne am Turban befestigen.

❷ Den oberen Teil der Holzkugel mit schneckenförmig gedrehtem braunem Biegeplüsch bekleben (Haare). Unterhalb des Turbans braunen Biegeplüsch als Haarkranz ankleben: Vom Hinterkopf ausgehen, die Enden seitlich unter den Turban stecken.

❸ Augen und Nase mit schwarzem Filzstift, Pupillen mit Deckweiß aufmalen.

Fortsetzung von Seite 18

* **Holzperle in Natur, 2 cm ⌀**
* **2 Flaschenkorken, 1,8 cm ⌀, 2,3 cm hoch**
* **wasserfester Filzstift: Schwarz**
* **Deckweiß und Pinsel**

Elefant:

* **Biegeplüsch in Lila und Weiß**
* **2 Flaschenkorken, 2,3 cm ⌀, 2,3 cm hoch und 3,5 cm hoch**
* **Papierrest in Weiß**
* **wasserfester Filzstift: Schwarz**

④ Den Körper entsprechend der Zeichnung biegen. Den Rumpf bis auf 1,8 cm ⌀ umwickeln. Kopf aufsetzen und ankleben.

⑤ Die Hose aus weißem Biegeplüsch fertigen. Dazu den Biegeplüsch viermal von der Hüfte nach unten fest um den Körper wickeln, dann wie eine Acht um die Beine und noch einmal nach oben führen.
Das Ende am Bund einstecken.

⑥ Den Schlangenbeschwörer im Schneidersitz auf eine Korkscheibe (1,8 cm ⌀, 6 mm hoch) kleben.

⑦ Für die Flöte (2,5 cm lang) weißen und blauen Biegeplüsch eng miteinander verdrillen. Aus dem blauen Stück (etwa 2 cm länger) noch einen spiralförmigen Trichter drehen. Die Flöte an das Gesicht kleben. Die Hände halten das Instrument im hinteren Drittel.

Schlange

❶ Für den Korb einen Korken mit gelbem Biegeplüsch umkleben.

❷ Die Schlange entsprechend der Zeichnung winden. So auf den Korb kleben, daß er oben abgedeckt ist. Für das Maul 2 cm langen roten Biegeplüsch zu einem "V" formen und mit der offenen Seite ankleben.

Elefant

❶ Kopf (4,5 cm ⌀) und Ohren (oval, 4 x 2,5 cm) schneckenförmig drehen. Die Ohren seitlich an den Kopf kleben.

❷ Für den Rüssel eine etwa 8 cm lange dichte Spirale über einen dünnen Stift drehen und unten ins Gesicht kleben. Rechts und links weißen Biegeplüsch als Stoßzähne befestigen.

❸ Für die Augen Papierkügelchen drehen. Die Kügelchen flachdrücken und ankleben. Pupillen aufmalen.

4 Die Vorder- und Hinterbeine aus 30 cm langen Plüschdrähten nach der Zeichnung unten fertigen. Die Vorderbeine von hinten an den Kopf kleben.

5 Für den Körper den großen Korken doppelt mit Draht umwickeln. Unten bündig am Kopf befestigen. Die obere Biegung der Hinterbeine, die das Hinterteil bildet, am Körper anpassen und an den Korken kleben.

6 Als Schwanz 4 cm langen Biegeplüsch von unten zwischen Körper und Hinterteil einkleben. Das Ende zu einer Quaste drehen.

7 Den Elefant mit dem rechten Vorderbein auf den kleinen Korken kleben.

Tanzbär

1 Biegeplüsch für Kopf (3,5 cm ⌀), Körper (4 cm ⌀) und Ohren (1,8 cm ⌀) schneckenartig formen.

2 Arme (Draht: 10 cm) und Beine (Draht: 20 cm) nach den Zeichnungen unten formen. Den Kopf vorne an den Rumpf, alle anderen Teile hinten an Kopf und Körper kleben.

3 Für Schnauze und Schwanz Spiralen über einen Stift drehen (1,3 cm ⌀), an Kopf und Körper befestigen. Spiralspitzen so zusammendrücken, daß keine Löcher mehr sichtbar sind.

4 Augen wie beim Elefant anfertigen.

5 Arme und Beine in Tanzposition bringen, und den Bär mit einem Fuß auf den Korken kleben.

Tanzbär:
❀ **Biegeplüsch in Dunkelbraun**
❀ **Flaschenkorken, 1,8 cm ⌀, 1,8 cm hoch**
❀ **Papierrest in Weiß**
❀ **wasserfester Filzstift: Schwarz**

Hampelhase

Material

- ✿ **Biegeplüsch in Hellbraun, Beige, Orange, Dunkelgrün, Dunkelblau, Gelb, Rosa**
- ✿ **Fotokarton in Braun**
- ✿ **2 ovale Wackelaugen, 20 x 15 mm**
- ✿ **Holzkugel, 1,2 cm ⌀ in Schwarz**
- ✿ **Holzkugel, 2 cm ⌀, in Blau**
- ✿ **6 Besenborsten in Weiß, 4 cm lang**
- ✿ **4 Musterbeutelklammern**
- ✿ **feste, dünne Baumwollkordel**
- ✿ **Klebstoff**
- ✿ **Heftklammern**
- ✿ **kleine, spitze Schere**

❶ Aus Fotokarton einen Kreis von 8,5 cm ⌀ und ein Oval von 7,5 x 6,5 cm schneiden.

❷ Diese beiden Flächen mit braunem Biegeplüsch, der schneckenförmig gebogen wird, bekleben. (Etwa 2 bis 3 mm über die Kartonflächen hinausgehen.)

❸ Braunen Biegeplüsch für Ohren und Pfoten schneckenförmig zu Ovalen biegen: Ohren 2,5 x 6 cm, Pfoten 2 x 7 cm. Fest zusammendrücken. Mit beigefarbenem Biegeplüsch umranden. Die Ohren von hinten an den Kopf kleben (Abstand zueinander ca. 2,5 cm).

❹ Vier Pappovale von 2,5 x 4 cm zuschneiden. Etwa zur Hälfte oben an die Rückseiten der Pfoten kleben. Mit Heftklammern sichern. Mit einer Scherenspitze jeweils in die andere Hälfte Löcher für Musterbeutelklammern und Fäden stechen (siehe Zeichnung).

❺ Pfoten mit Musterbeutelklammern locker am Körper befestigen. Fäden ebenfalls locker einbinden (Zeichnung). Am unteren Ende des Ziehfadens eine Holzperle festkleben.

6 Das Gesicht ausgestalten: Wackelaugen, Holzkugelnase, Backen aus beigefarbenem Biegeplüsch (Ovale von 3,5 x 2,5 cm), Barthaare aus Besenborsten, Mund aus rosa Plüschdraht (1,5 cm).

7 Für die Fliege ein Oval (7,5 x 2 cm) schneckenförmig aus blauem Biegeplüsch formen, in der Mitte mit gelbem Biegeplüsch fest abbinden und ankleben.

8 Die Möhre besteht aus einer Spirale, die sich von 2 cm auf 8 mm verjüngt. Beim Fertigen den Biegeplüsch um verschieden starke Stifte und Spieße winden. Die Spitze fest zusammendrücken und schließen. Das Möhrenkraut in unregelmäßigen Schlangenlinien legen. Dann die Möhre an einer Vorderpfote befestigen.

9 Für die Aufhängung eine 9 cm lange Kordel drehen, eine Schlaufe binden, und das verknotete Ende hinten an den Kopf kleben.

✿ alte Schere oder kleiner Seitenschneider
✿ Stifte und Spieße mit 8 mm bis 2 cm ⌀

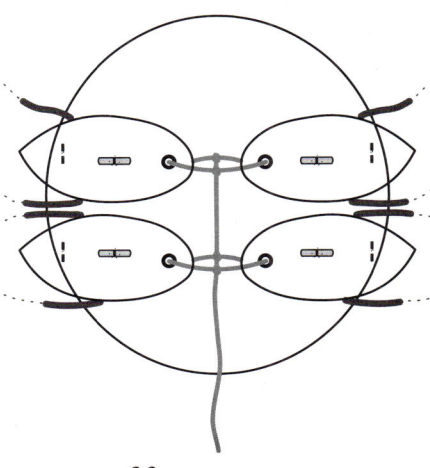

Sommerfest

Material

✿ **Klebstoff**
✿ **alte Schere
   oder kleiner
   Seitenschneider**

Girlande:
✿ **Biegeplüsch**
✿ **Holzperlen,
   1,5 cm ⌀**
✿ **Trinkhalme**
✿ **dünne Baum-
   wollkordel und
   Nähnadel**

Trinkhalme:
✿ **Biegeplüsch in
   Dunkelbraun,
   Dunkelgrün,
   Gelb, Rot,
   Blau, Weiß**
✿ **Trinkhalme**
✿ **Stift**

Girlande

❶ Blumen entsprechend der Zeichnung links fertigen. Jeweils in den
inneren Ring der Blume eine Perle
einkleben.

❷ Im Wechsel Blumen und Trinkhalm-
stücke (8 cm Länge) auf eine Kordel
fädeln. Die Kordel an den Enden der
Girlande lang lassen, damit man sie gut
aufhängen kann.

Trinkhalm mit Schmetterling

❶ Für den Körper zwei Plüschdrähte
nebeneinanderlegen und über einen
Stift zu einer Spirale von 4,5 cm Länge
drehen. Vorne Fühler von 2,5 cm
stehenlassen, Enden einringeln.

❷ Vier ovale Flügel (3,5 x 2,3 cm)
schneckenförmig biegen und ankleben.

❸ Den Schmetterling unterhalb der
Biegung schräg auf den Halm kleben.

Trinkhalm mit Früchten

❶ Biegeplüsch nach den Zeichnungen
formen und zusammenkleben. Die
Stiele jeweils verdrillen.

❷ Die Früchte unterhalb der Halm-
biegung schräg ankleben.

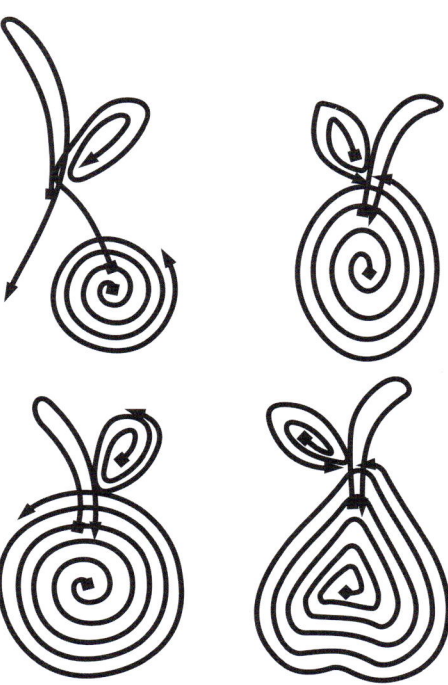

Windlicht:

✿ Biegeplüsch in Rot, Gelb, Dunkelblau, Dunkelgrün

✿ Kunststoffbecher, glasklar, ca. 6,5 cm ∅, ca. 7,5 cm hoch

✿ Teelicht

Kuchenspieße mit Bienen:

✿ Biegeplüsch in Gelb, Braun, Weiß

✿ Holzperlen in Gelb, 1,3 cm ∅

✿ Zahnstocher aus Holz

✿ wasserfester Filzstift: Schwarz

Windlicht

❶ Blätter herzartig formen, leicht zusammendrücken und mit etwas Klebstoff unten am Becher befestigen.

❷ Sechs Stiele (3,5 cm) zuschneiden, in die Mitte zweier zusammengehörender Blätter stecken und ebenfalls mit einem Klebepunkt fixieren.

❸ Schneckenförmig gedrehte Blüten (3,5 cm ∅) mit wenig Klebstoff oberhalb der Stiele anbringen.

❹ Teelicht in den Becher stellen.

Kuchenspieße mit Bienen

❶ Zwei braune Plüschstücke (1,5 cm) als Fühler in eine Holzperle stecken, eventuell mit Klebstoff fixieren.

❷ Gelben und braunen Biegeplüsch (13 cm) von der anderen Seite in die Perle einkleben.
Einen dünnen Stift anlegen und die beiden Drähte zu einer Spirale (vier Windungen) formen.

❸ Für die Flügel 4 cm langen weißen Biegeplüsch herzartig formen (an der unteren Spitze beginnen) und an beide Seiten des Körpers kleben.

❹ Mit Filzstift ein Gesicht aufmalen.

❺ Einen Zahnstocher von unten in den Körper der Biene einkleben.

Apfel als Serviettenring

❶ Drei Plüschdrähte am Anfang zusammenkleben, einen Zopf von etwa 14,5 cm Länge flechten, die Enden mit Klebstoff fixieren, Anfang und Ende zusammenfügen. Einen ovalen Ring daraus formen.

❷ Grünen Biegeplüsch von etwa 20 cm Länge zur Hälfte durch eine Flechtöffnung oben am Ring schieben. Die beiden Hälften direkt oberhalb des Ringes zweimal eng miteinander verdrillen.

❸ Aus der einen Hälfte schneckenförmig ein ovales Blatt (2,5 x 2 cm) biegen. Fest an die zweite Hälfte, die den Stiel bildet, drücken. Das überstehende Stielende bis zum Blatt herunterbiegen und verdrillen.

Apfel mit Raupe als Tischkarte

❶ Aus Fotokarton (ca. 12 x 12 cm) zwei Apfelformen ausschneiden. Den unteren Rand jeweils abflachen. Ein Loch (2,5 cm ∅) für die Raupe anbringen. Das eine Teil von oben, das andere Teil von unten bis zur Hälfte einschneiden, dann beide ineinanderfügen.

❷ Zwei 9 cm lange braune Plüschdrähte zu einem Stiel zusammendrehen. Etwa 4 cm tief in einem Winkel des Apfels festkleben.

❸ Ein schneckenförmig gedrehtes grünes Oval (5 x 3 cm) biegen und als Blatt an den Stiel kleben.

❹ Gelb-grüne Raupe, wie auf Seite 8 beschrieben, anfertigen und in das Loch des Apfels hängen.

Serviettenring:

Eine Raupe mit längerem Körper kann man als Serviettenring verwenden: Das Spiralende dann hinter dem Kopf einhängen.

Apfel als Serviettenring:
✿ Biegeplüsch in Rot und Dunkelgrün

Apfel mit Raupe:
✿ Biegeplüsch in Dunkelgrün, Dunkelbraun, Gelb
✿ Fotokarton in Rot
✿ Holzperle in Grün, 2,5 cm ∅
✿ wasserfester Filzstift: Schwarz
✿ Deckweiß und Pinsel
✿ kleine Schere

Material
* Klebstoff
* alte Schere oder kleiner Seitenschneider

Schneemänner:
* Biegeplüsch in Weiß, Grün, Blau, Rot, Schwarz
* 20 Holzperlen in Braun, 3 mm ⌀

Schneekristalle:
* Biegeplüsch in Weiß
* Nähfaden in Weiß und Nähnadel

Winter-stimmung

Schneemänner im Wald

1 Den Schneeboden (54 cm lang) aus vier eng miteinander verdrillten Plüschdrähten fertigen. Nach je 6 cm wie eine Ziehharmonika knicken.

2 Für die Bäume jeweils weißen und grünen Biegeplüsch miteinander verdrillen. Gemäß der Zeichnung biegen. Dann in jedem zweiten Feld des Schneebodens an einer Seite ankleben.

3 Für Kopf (3,3 cm ⌀) und Körper (3,6 cm ⌀) schneckenartig Kreise formen und aneinanderkleben. Für die Arme Ovale bilden (3 x 2 cm), von einer Seite am Körper befestigen.

4 Hüte jeweils doppelt fertigen (Zeichnung). Das obere Drittel des Kopfes zwischen die Hutteile kleben.

5 6 cm lange weiße Plüschstöcke formen und ankleben. Von beiden Seiten Perlen als Augen, Nase und Knöpfe anbringen.

6 Schneemänner wie die Bäume am Schneeboden ankleben.

28